TUPAN

MÉTODO PRÁTICO PARA CAVAQUINHO

com lições bem coordenadas por

ANNIBAL AUGUSTO SARDINHA

(GAROTO)

28-M

IRMÃOS VITALE - Editores
SÃO PAULO – RIO DE JANEIRO – BRASIL

Dados Internacionais de Catalogação na Publicação (CIP)
(Câmara Brasileira do Livro, SP, Brasil)

Sardinha, Annibal Augusto
 TUPAN : método prático para cavaquinho / com lições bem coordenadas por Annibal Augusto Sardinha (Garoto). -- São Paulo : Irmãos Vitale

1. Cavaquinho - Estudo e ensino I. Título.

ISBN nº 85-85188-98-7
ISBN nº 978-85-85188-98-6

97-4332   CDD- 787.8707

Indices para catálogo sistemático:

1 Cavaquinho : Método : Estudo e ensino   787.8707

Este método é essencialmente prático e destina-se, aos que dele se utilizarem, a ensinar os segredos do *difícil* instrumento, que é o Cavaquinho. Digo *difícil*, porque o cavaquinho não é como muitos pensam um instrumento banal e corriqueiro. É um instrumento, para solos, quase sem recursos devido à sua afinação, mas é indispensável ao *acompanhamento musical*, em um conjunto regional brasileiro, pois faz o *centro* e mantém o ritmo musical destacadamente.

O Cavaquinho, instrumento puramente brasileiro, tem sido ultimamente muito esquecido, por serem poucos os que conseguem tocá-lo, tem escassos cultivadores e apreciadores. Acresce, infelizmente, a ausência de meios para cultivá-lo melhor, como sejam, métodos eficientes, práticos e por música. O Cavaquinho, apesar de não ter muitos recursos, pode ser estudado por música. Aliás este é o meio mais eficiente.

Não existe método por música para Cavaquinho, por isso o fim deste, essencialmente prático, feito com todo o carinho, é preparar ambiente entre os que o estudarem, os quais, uma vez conhecendo bem os nomes das diversas posições e passagens aqui contidas, poderão compulsar com maior proveito, assim o espero, o *Método por Música*, a aparecer futuramente, de minha autoria.

Lembro aqui alguns nomes de musicos que se tornaram populares com o cavaquinho: Nelson Alves e Canhoto (Cariocas), Ary Valdez e Carne Assada (Gauchos), Portela (Paulista). Estes tocam cavaquinho de 5 cordas. Zezinho do Banjo toca cavaquinho de 4 cordas. O autor de 4 e 5 cordas. Todos esses nomes se fizeram conhecidos no Brasil com o cavaquinho

São Paulo, 13-10-1938.

O autor:

© Copyright 1940 by Irmãos Vitale S/A. Ind. e Com. - São Paulo - Rio de Janeiro - Brasil
Todos os direitos autorais reservados para todos os pasíes - All rights reserved.

EXPLICAÇÕES

A afinação do cavaquinho é a seguinte: RE, SOL, SI, RE, de cima para baixo.

Para afiná-lo pode-se proceder com o diapason La; para isso, é preciso suspender-se a 3ª corda que é o SOL e ir-se colocando um dedo na 2ª casa do cavaquinho (de cima para baixo) até igualar o som com o diapason e assim obteremos o SOL (3ª corda). Depois coloca-se um dedo na 4ª casa do SOL e suspende-se a 2ª corda que é SI até igualar o som. Depois no SI coloca-se um dedo na 3ª casa e suspende-se a 1ª corda que é RE até igualar o som. Para afinar a 4ª corda basta ir suspendendo-a até igualar o som com a 1ª corda, porém, uma oitava abaixo e assim obteremos a nota RE.

Assim procedendo mais uma vez, obtém-se a afinação do Cavaquinho.

O sinal em forma de flecha ←①—⧟⧟ chama-se PESTANA a qual é feita sempre com o 1º dedo ①. O sinal ✱, indica que se deve voltar depois de feitas todas as posições à mesma posição onde ele estiver antes. Os numeros um pouco menores abaixo do quadro da posição postos com uma ligadura *1 5* ou sem ligadura 1 indicam as casas em que se deve fazer a posição. As casas contam-se de cima para baixo. Os numeros dentro do quadro indicam os dedos, a contar **1** indicador até o **4** mínimo (mindinho). Conforme os numeros estiverem dispostos são feitas as posições.

QUADRO DE POSIÇÕES

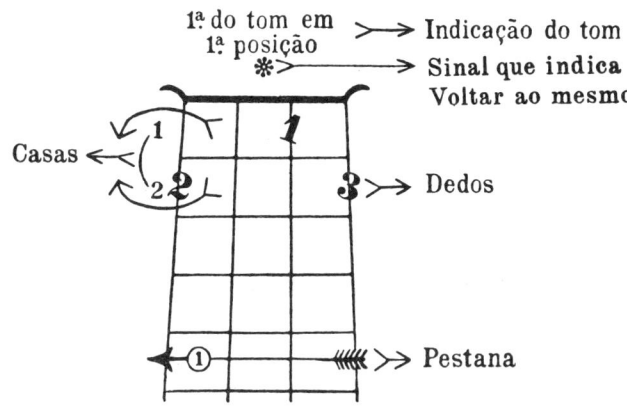

Para estudar as posições, o quadro deve ser colocado assim aos seus olhos:

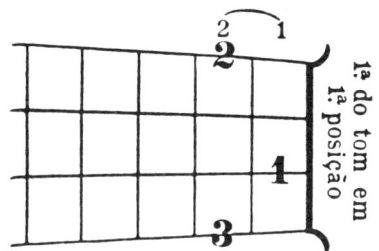

As abreviaturas, *Prep.* e *Sust.* querem dizer respectivamente: Preparação e Sustenido.

A razão de ter duas 3.ªˢ nos tons menores é: que a primeira é natural e a segunda com 7ª menor

Dó maior

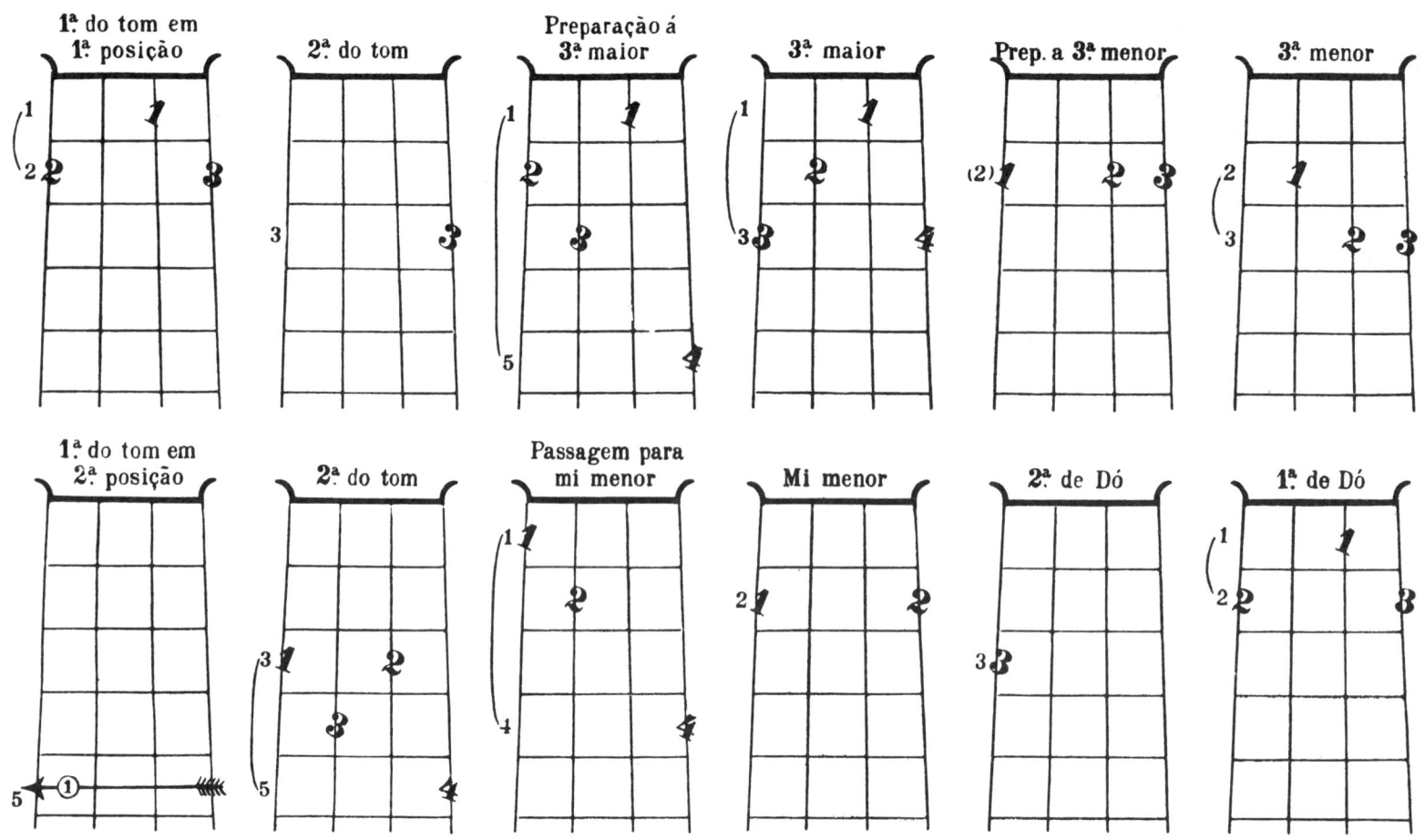

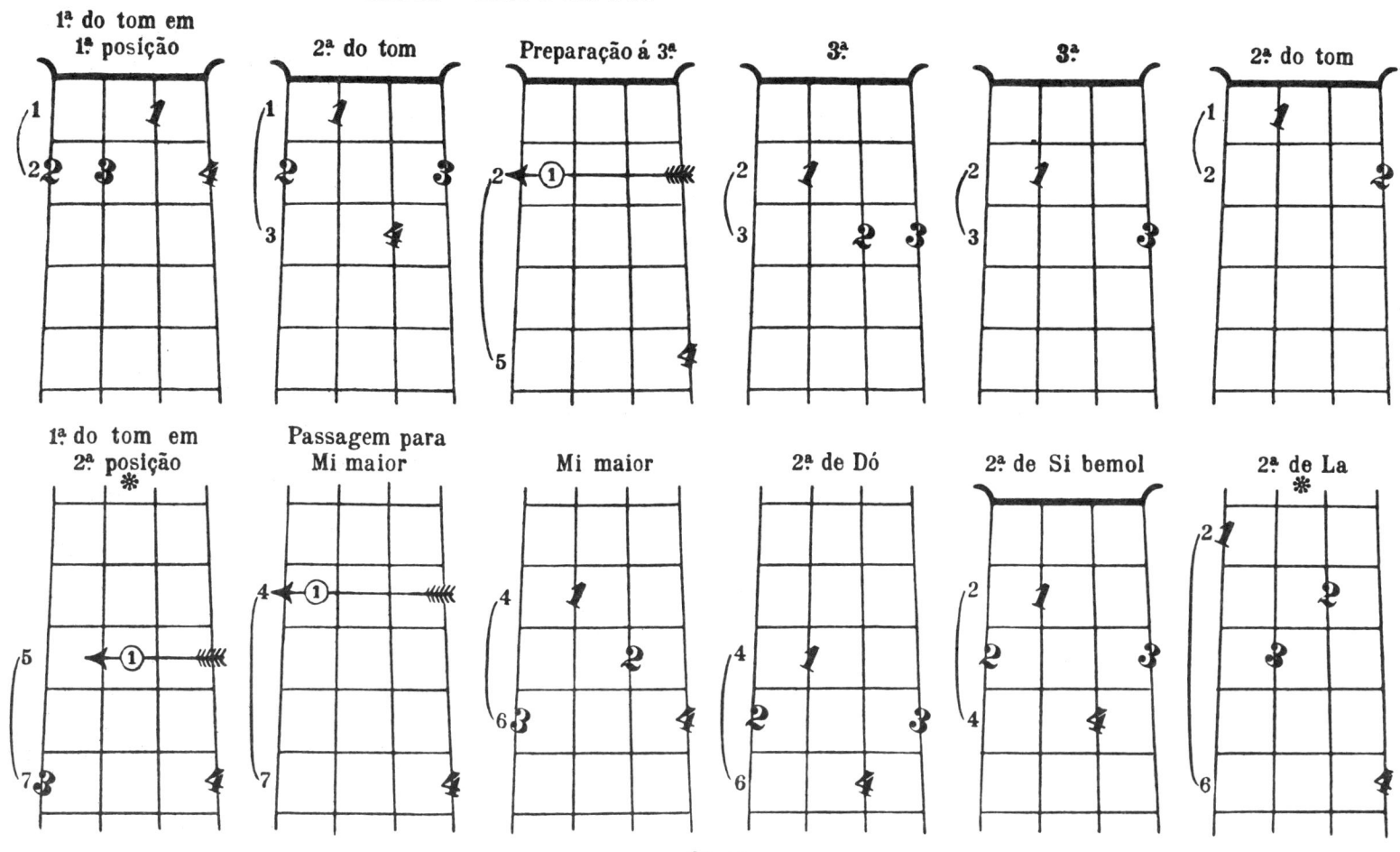

Sol maior

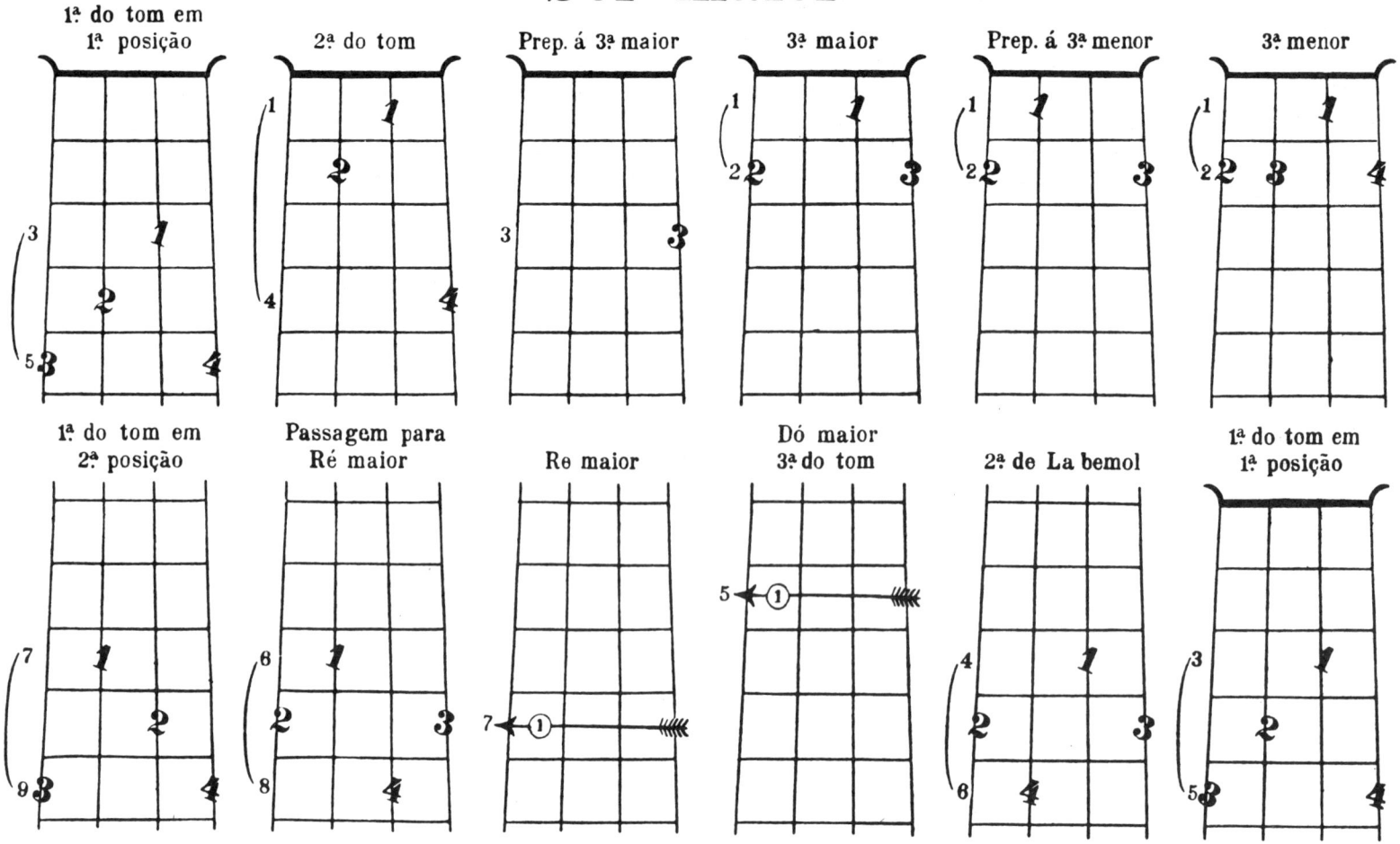

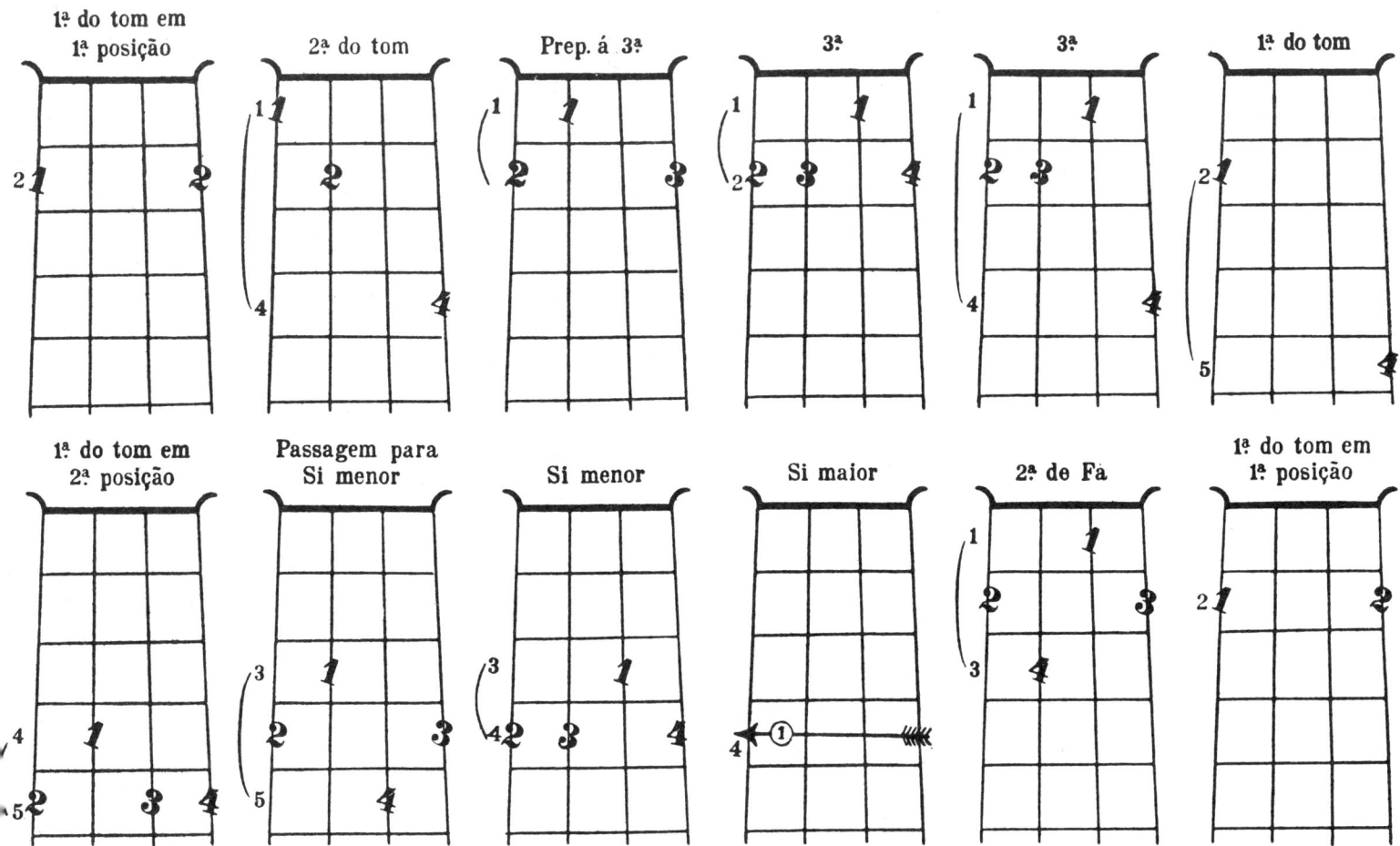

Re maior

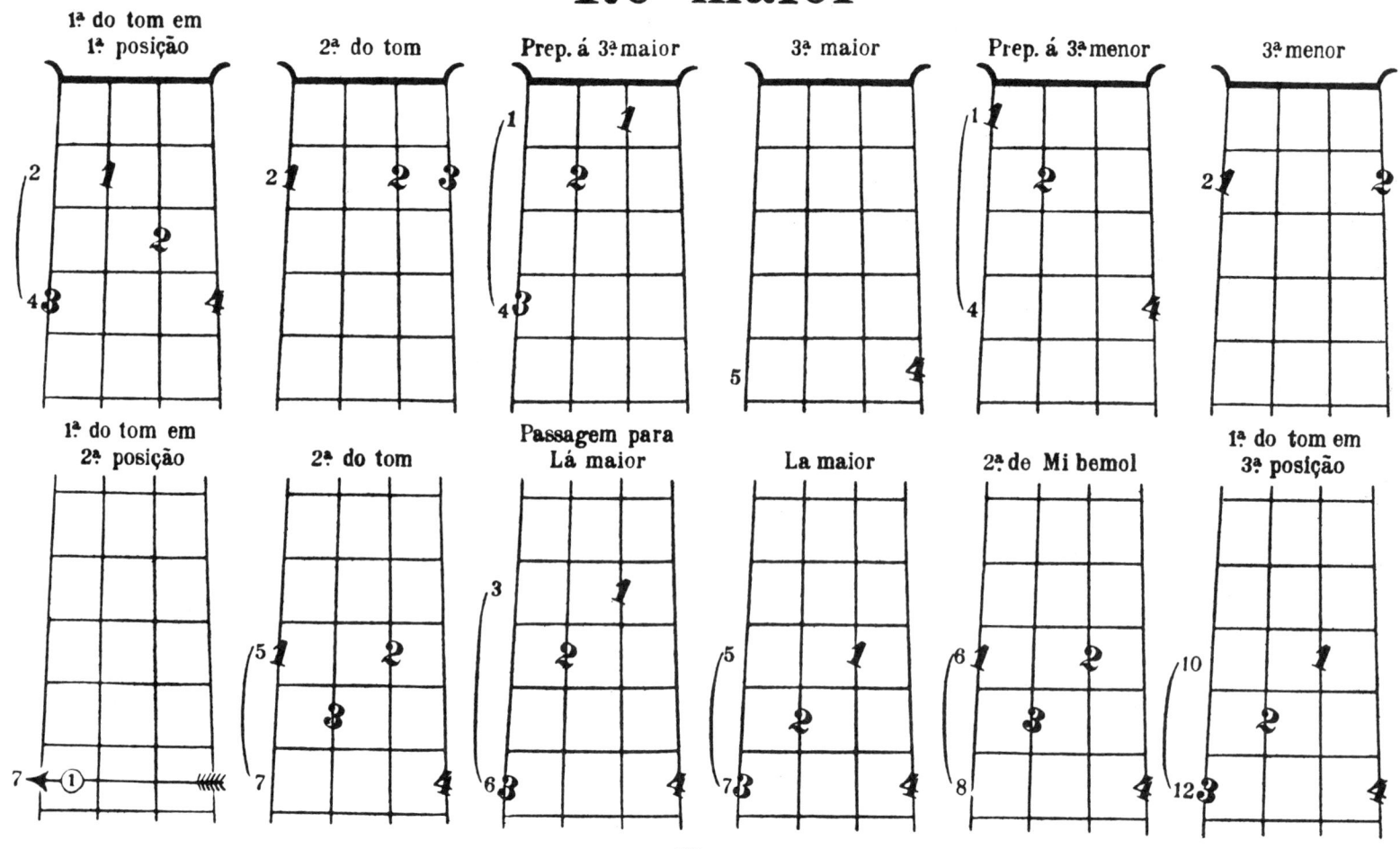

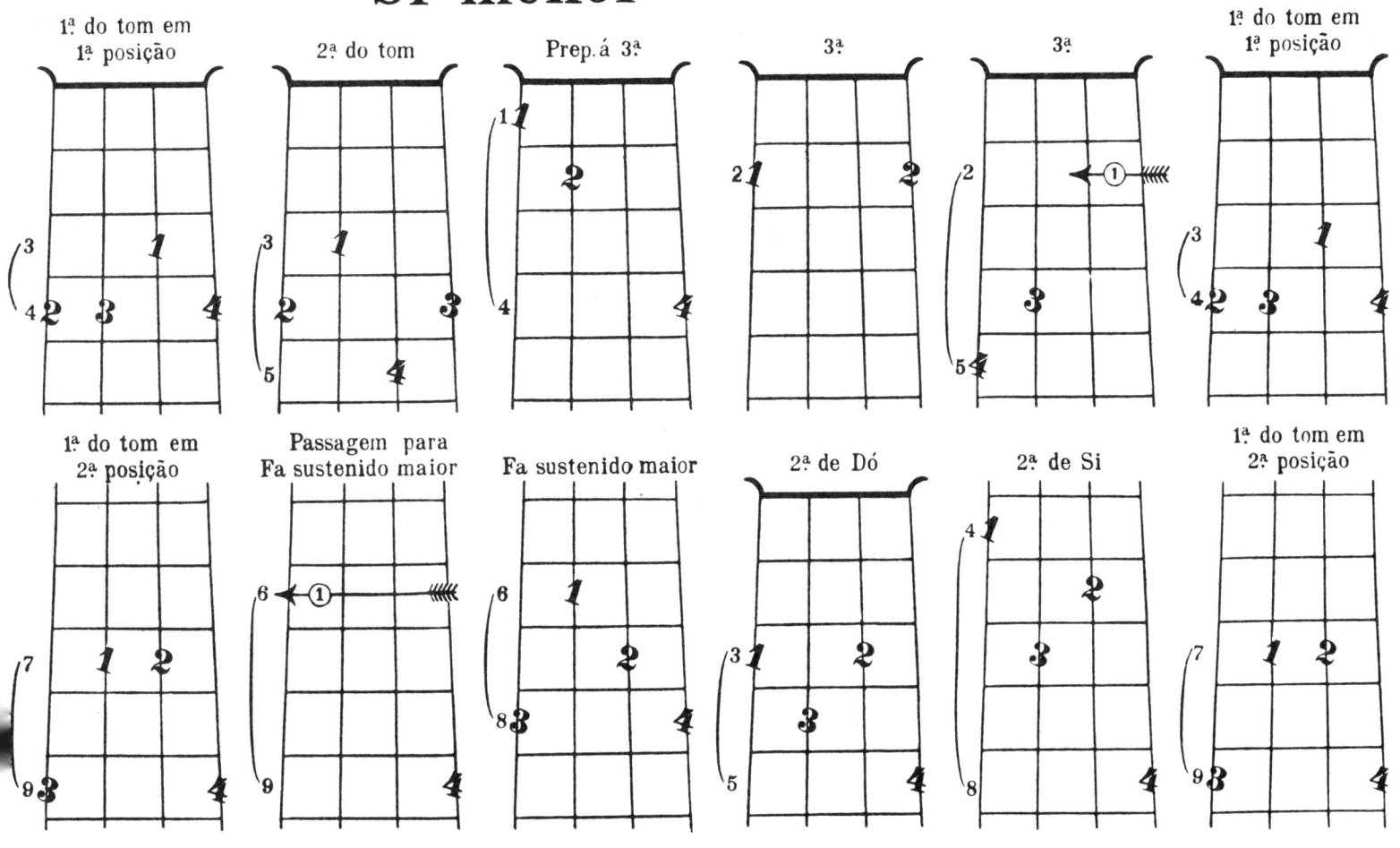

La maior

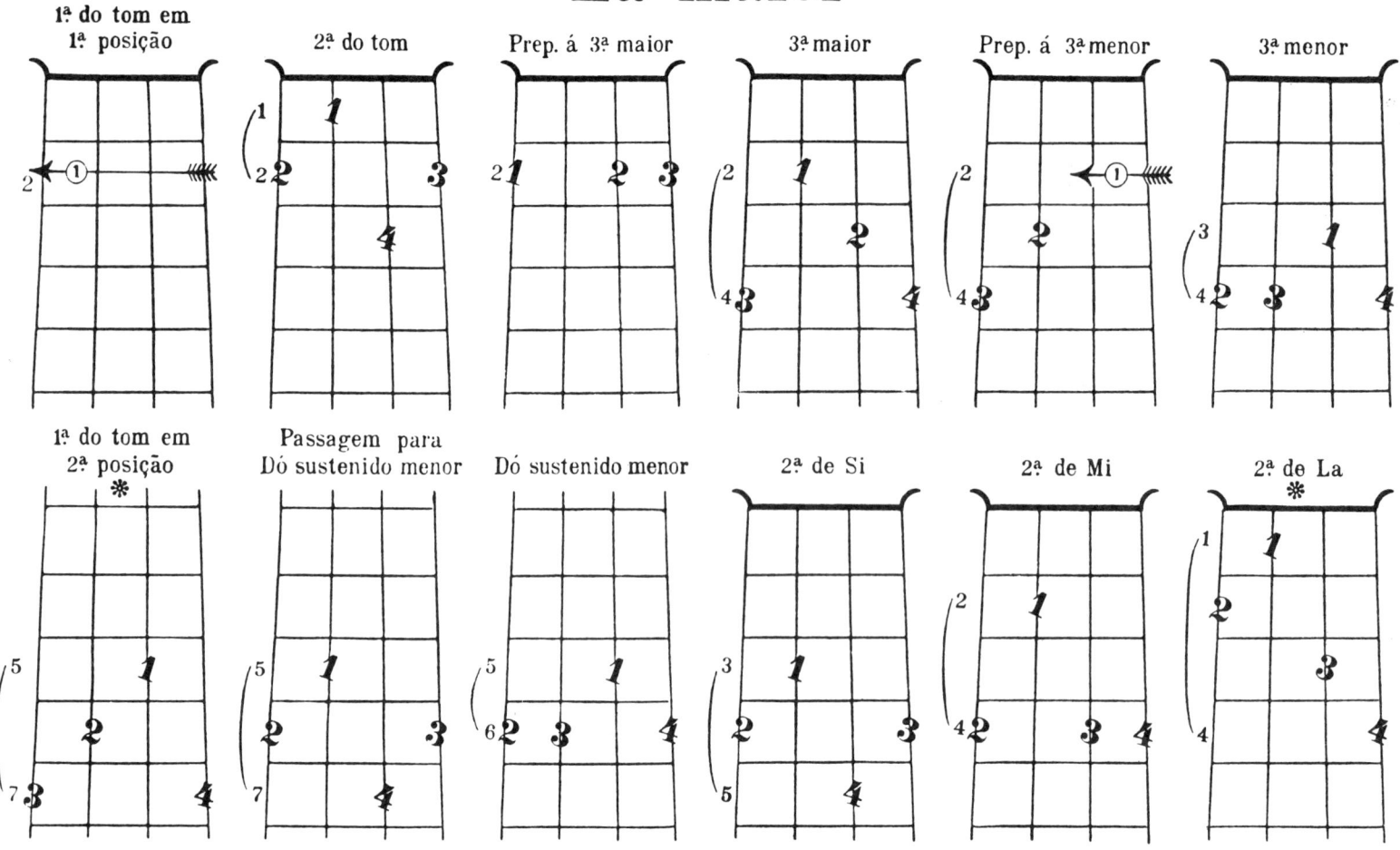

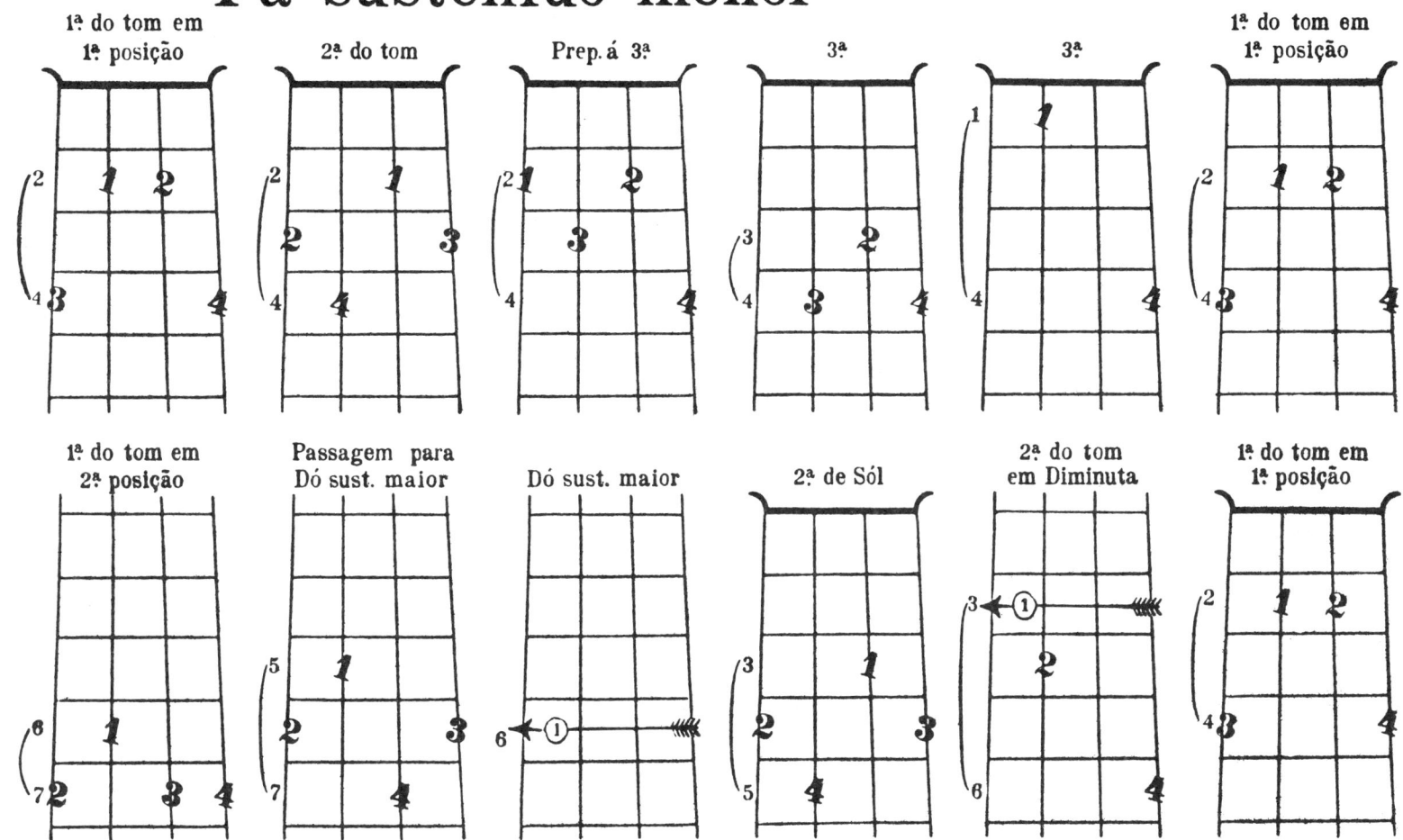

Mi maior

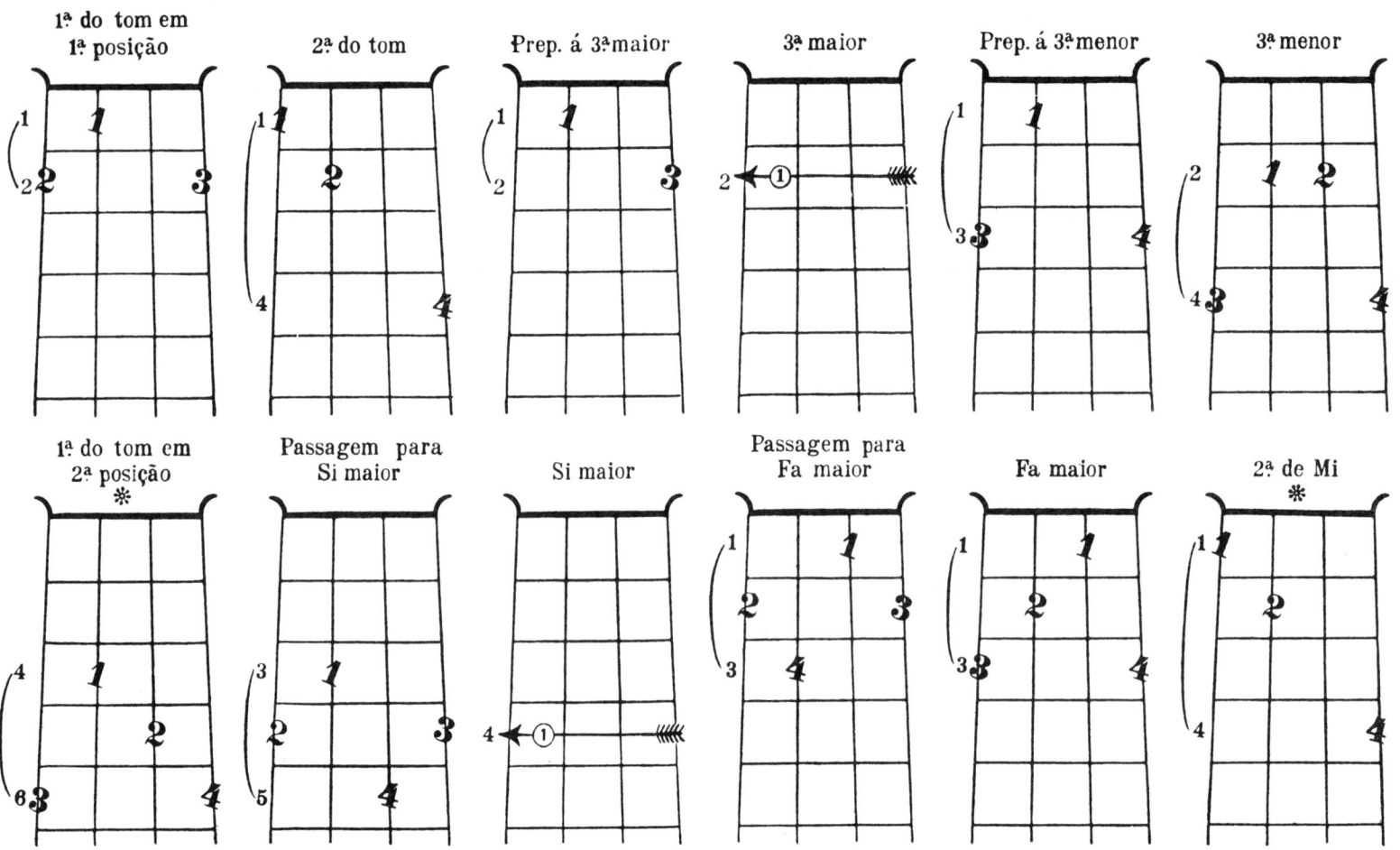

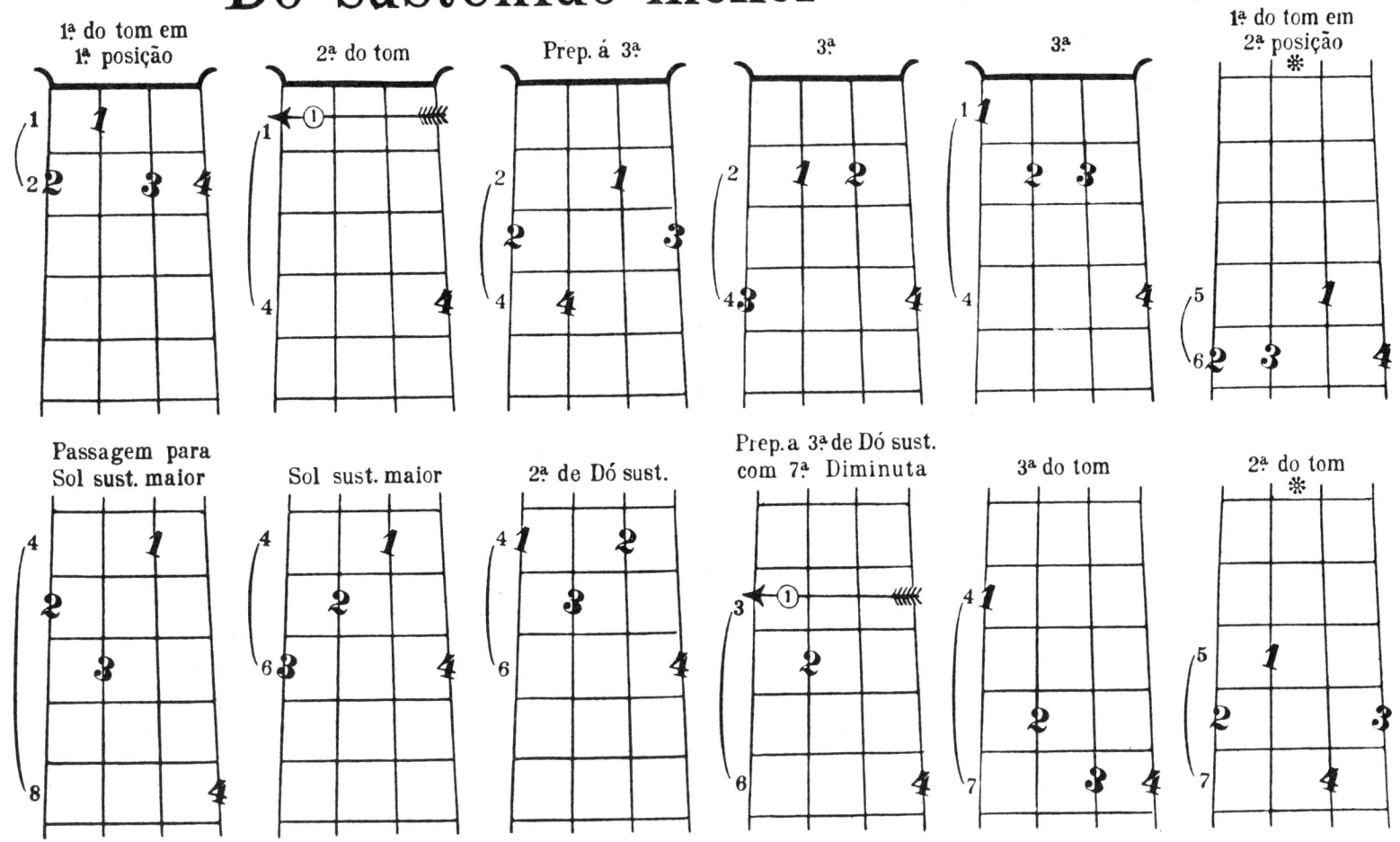

Si maior

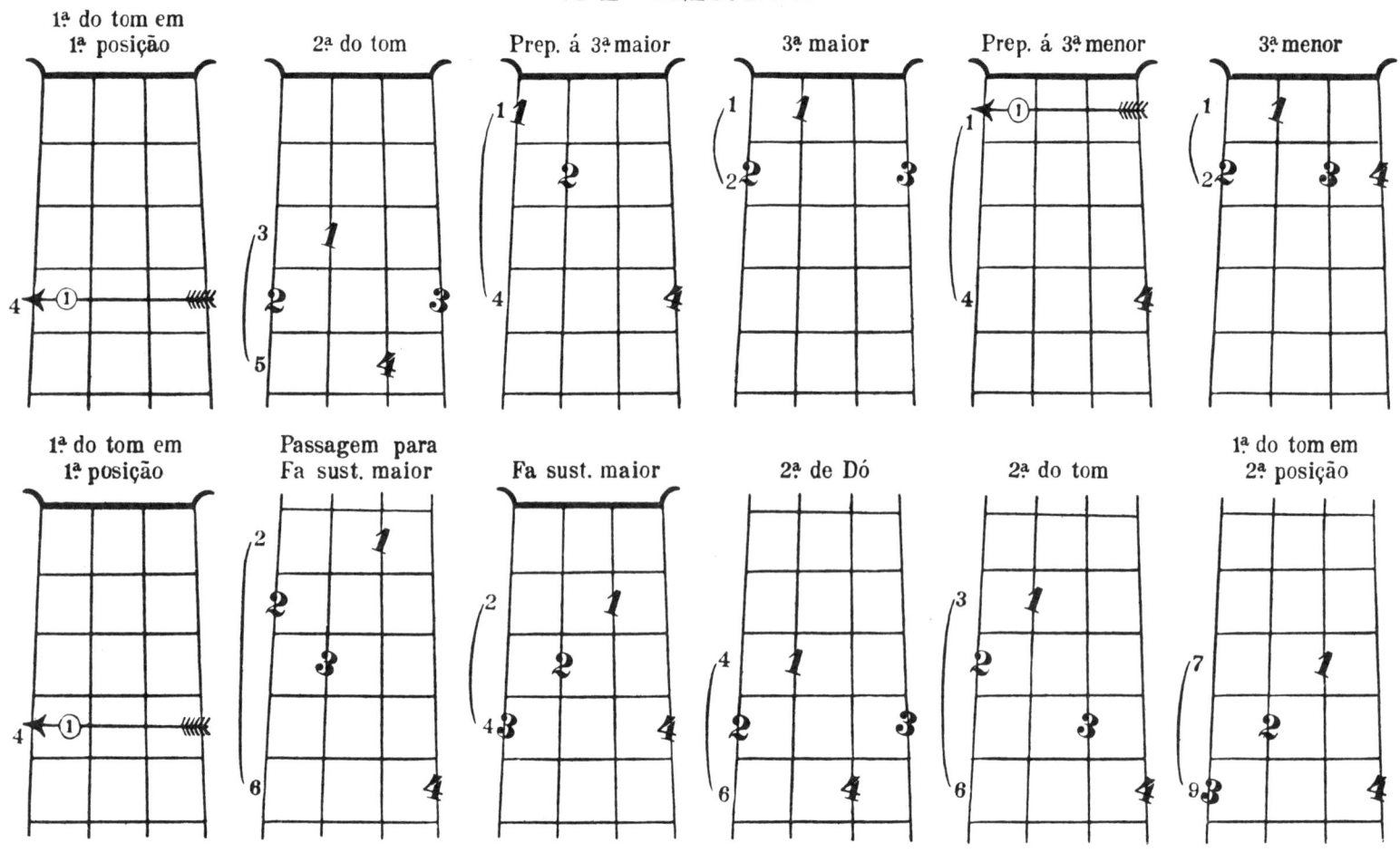

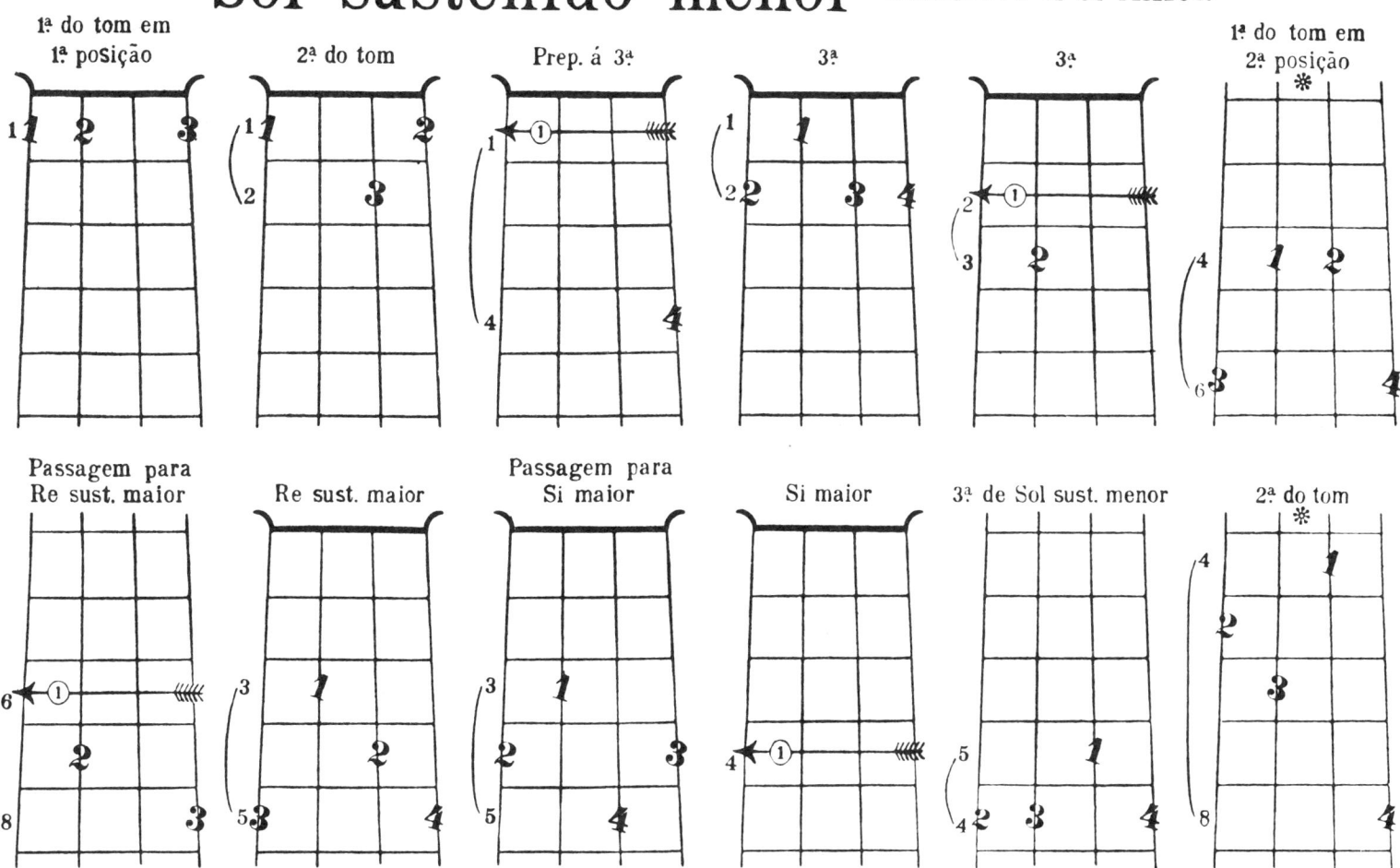

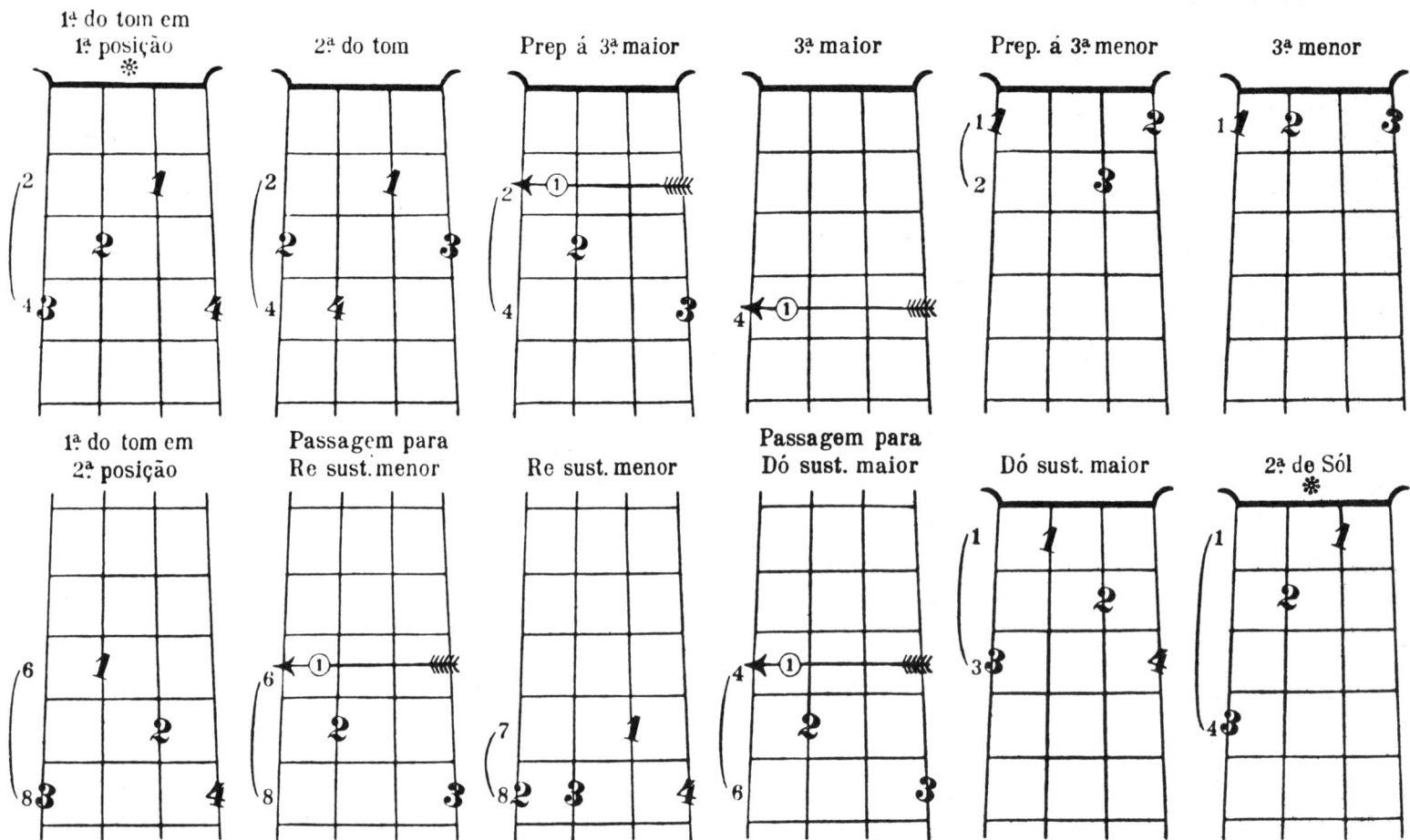

Re sustenido menor ou Mi bemol menor
RELATIVO A FA SUST. MAIOR ou SOL BEMOL MAIOR

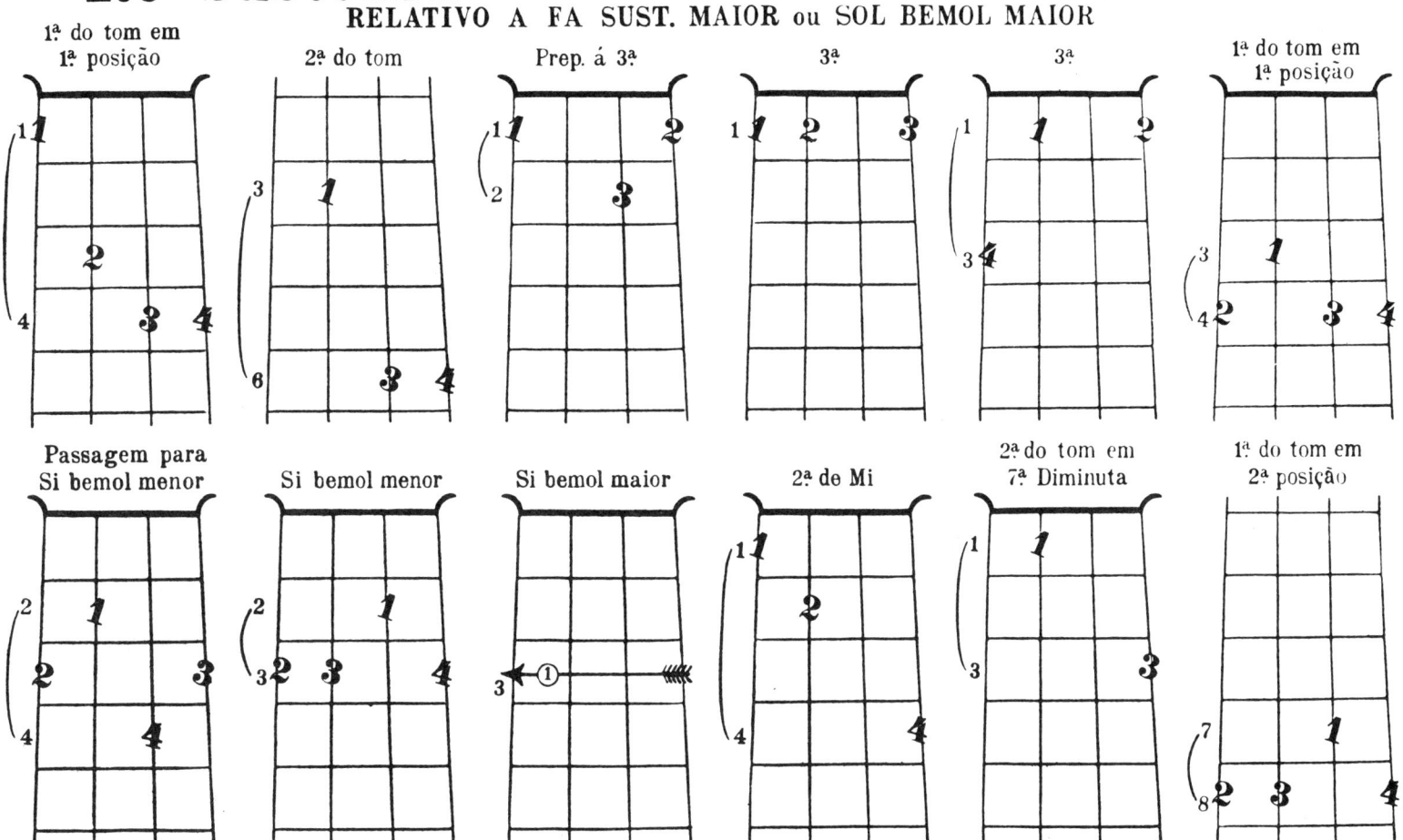

Do sustenido maior ou Re bemol maior

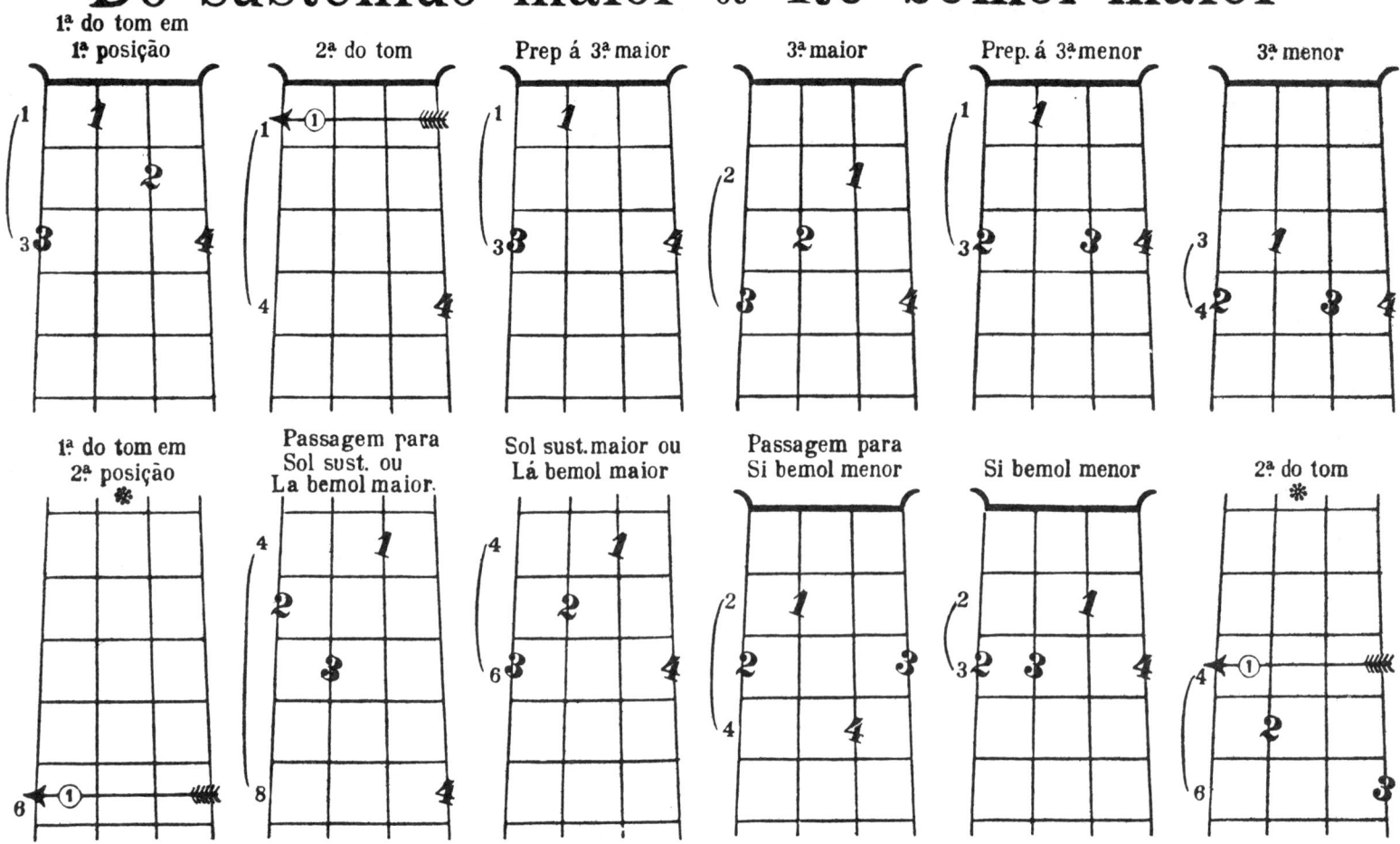

La sustenido menor ou Si bemol menor

RELATIVO A DÓ SUST. MAIOR ou RE BEMOL MAIOR

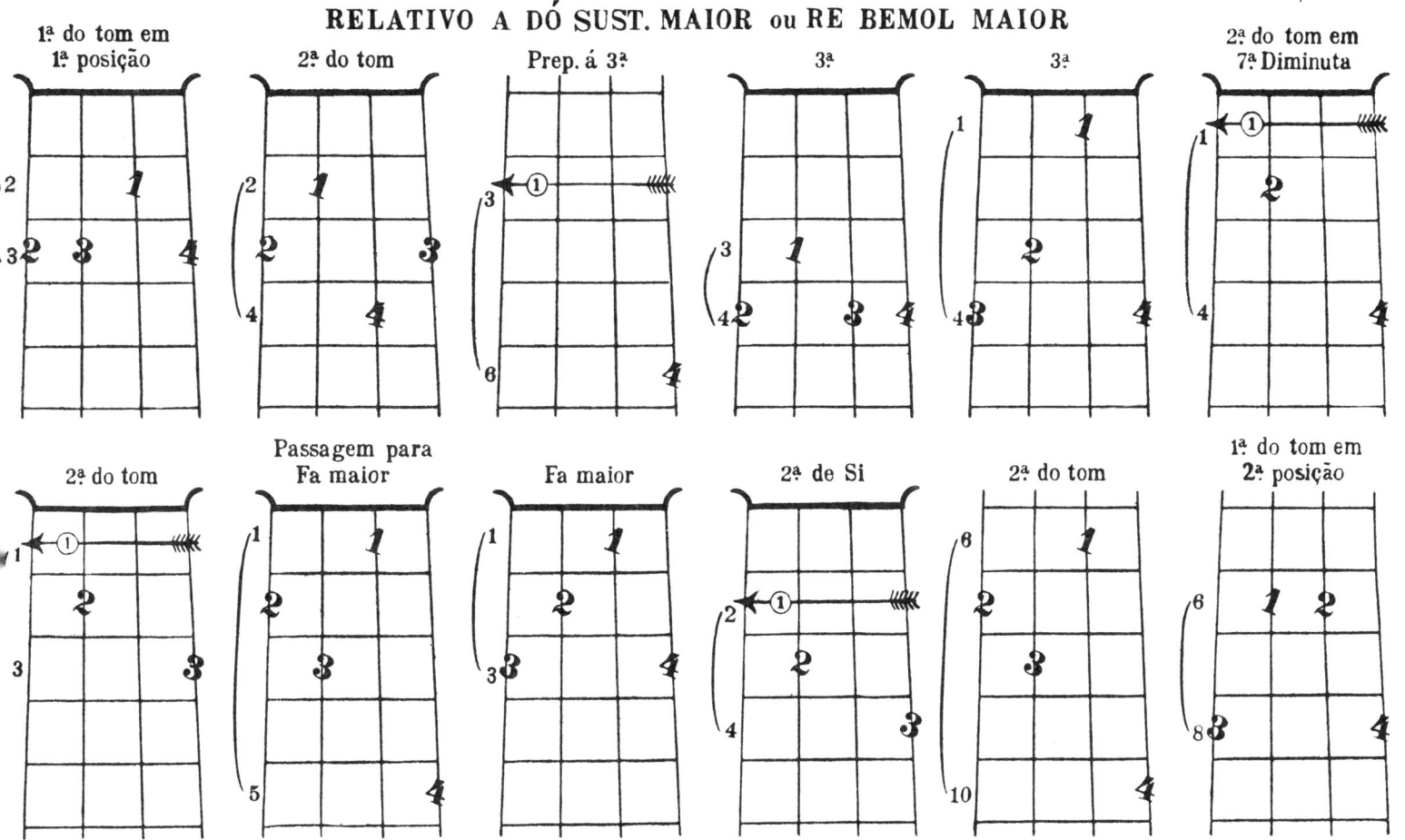

Fa maior

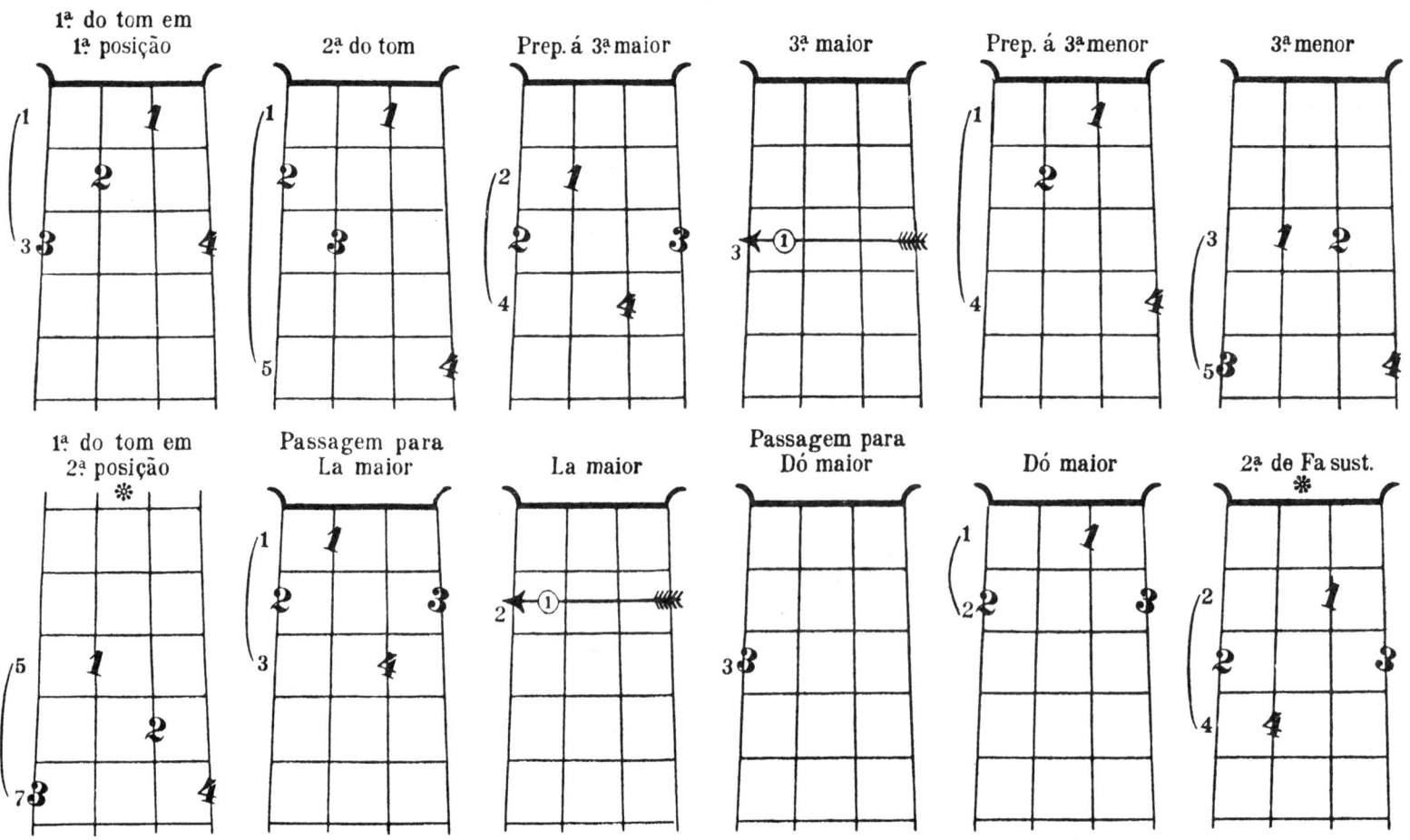

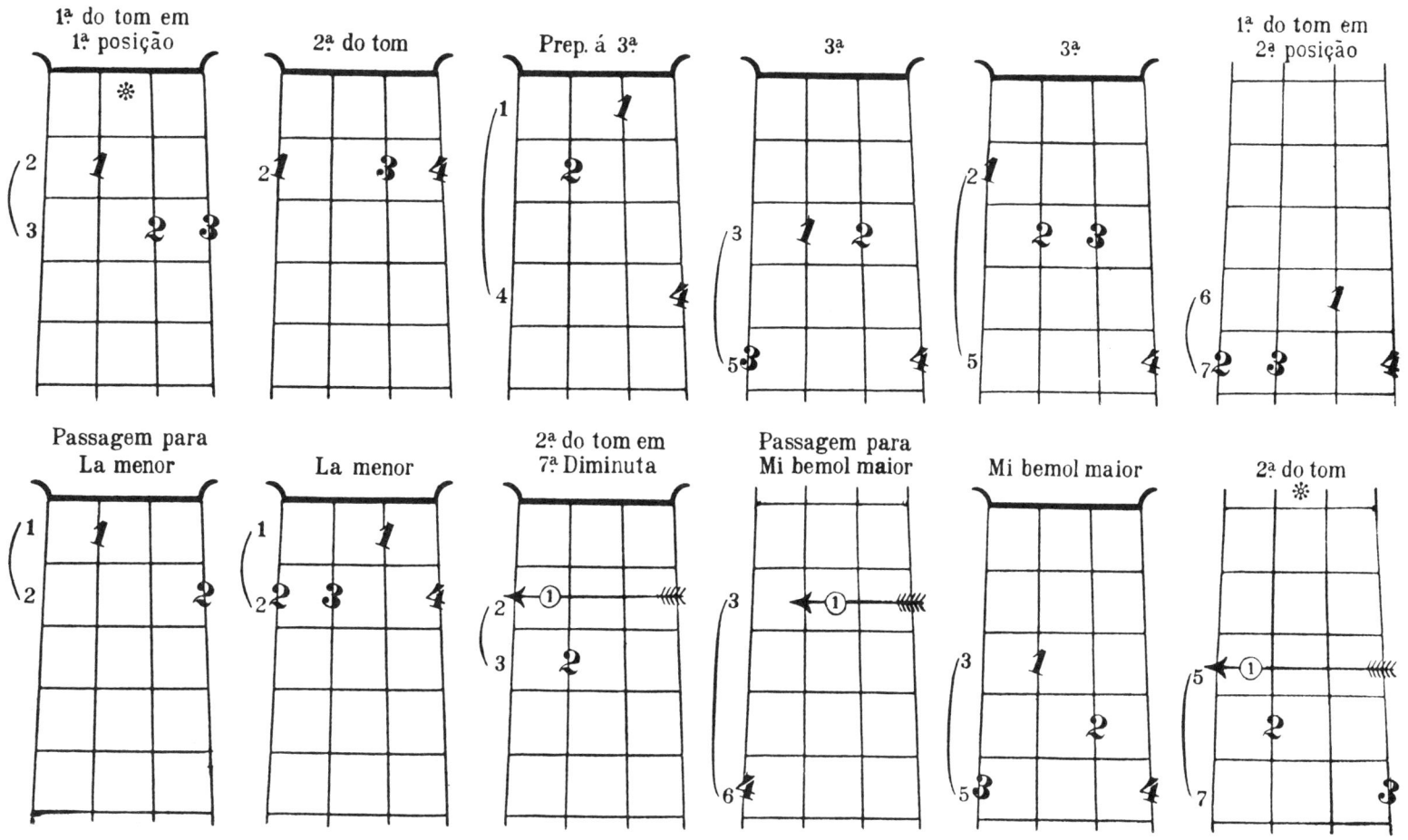

Si bemol maior

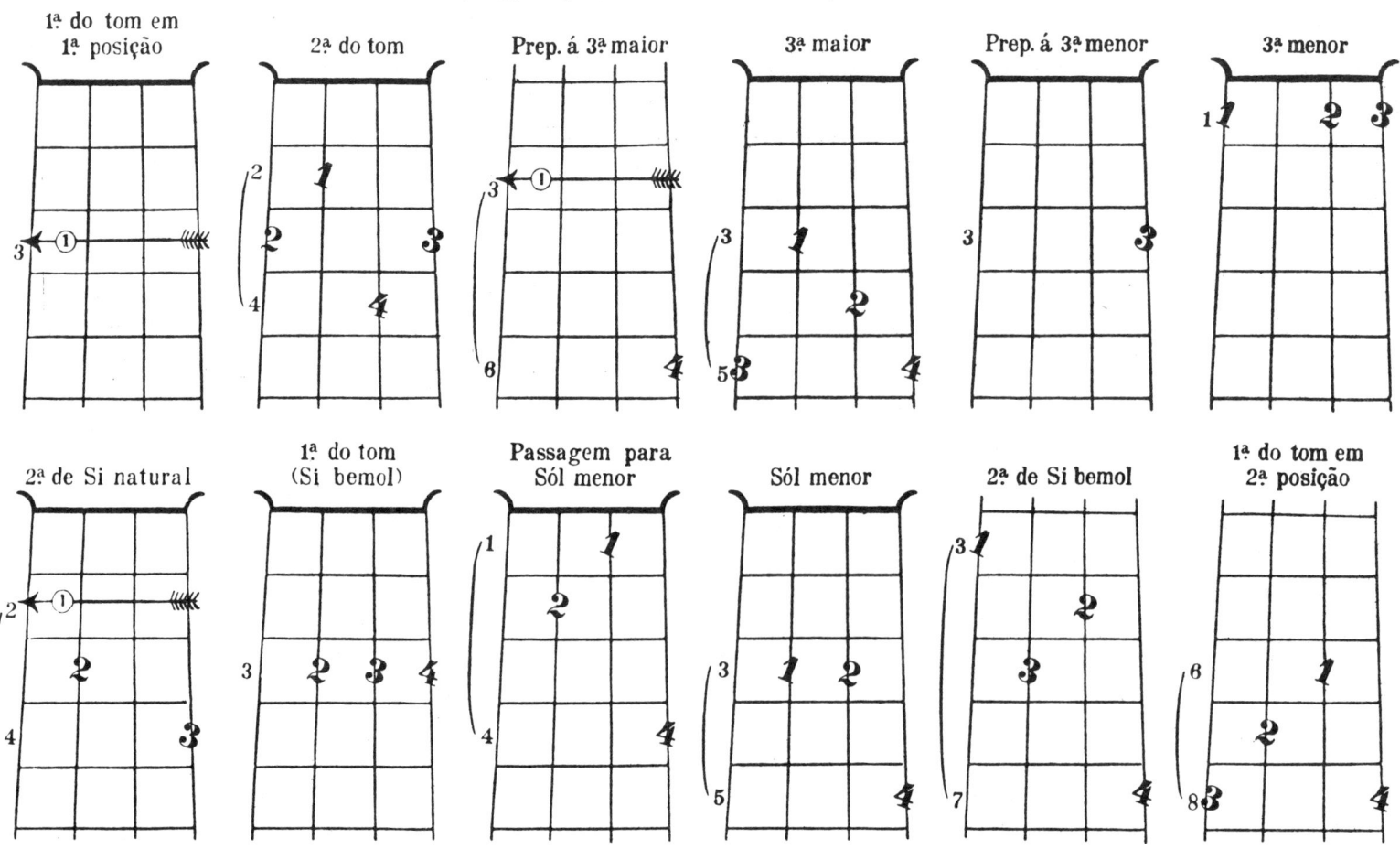

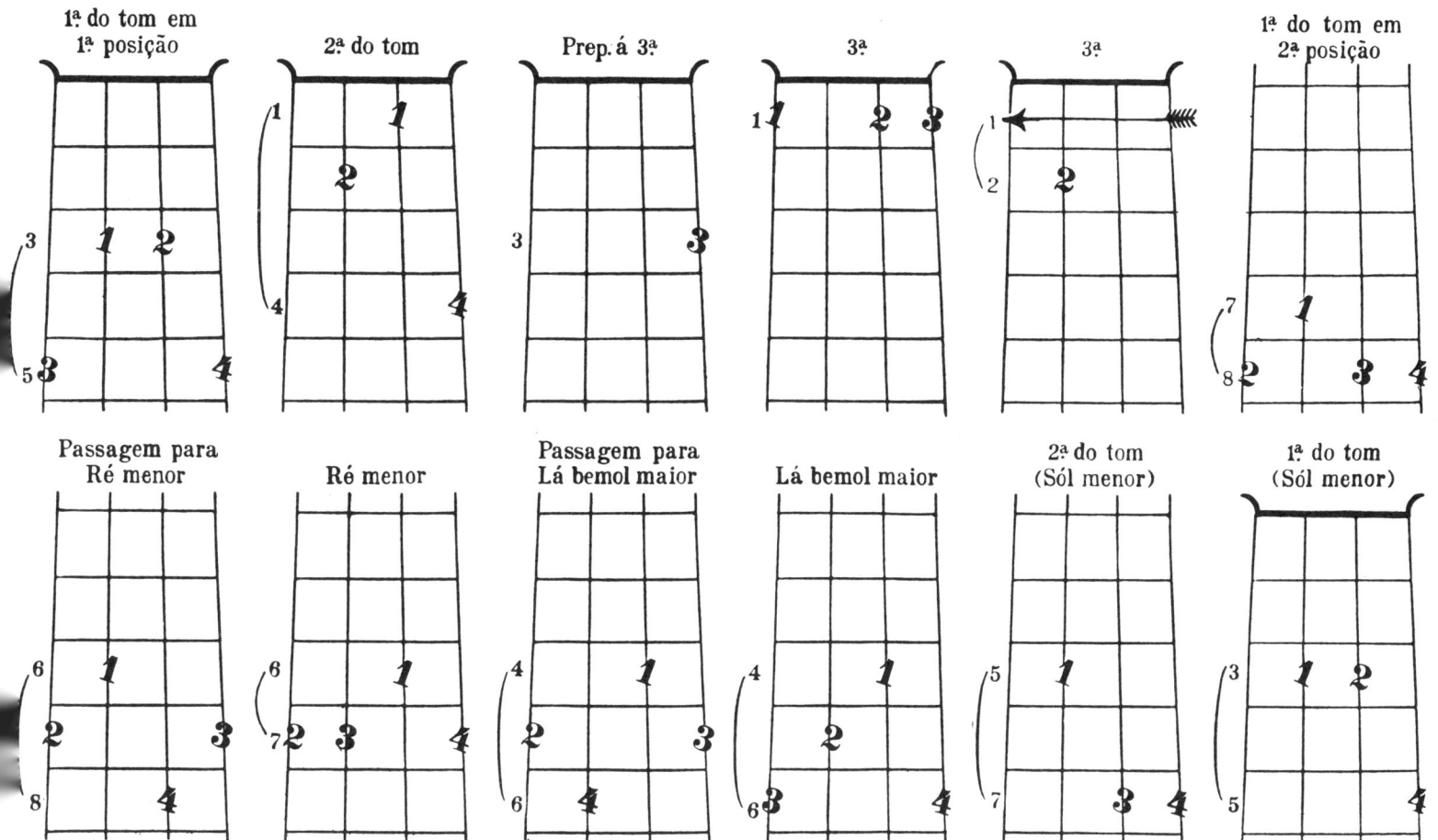

Mi bemol maior

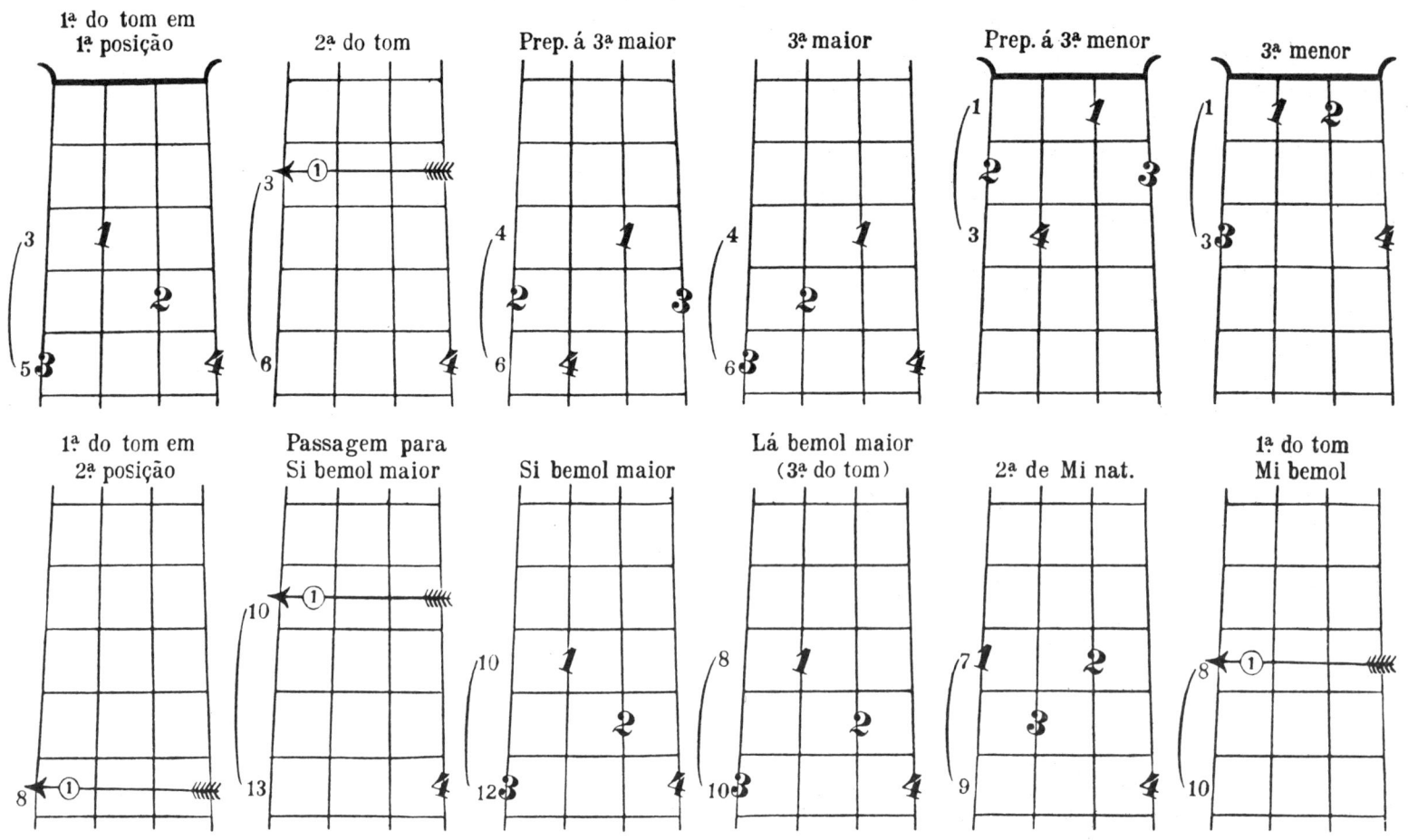

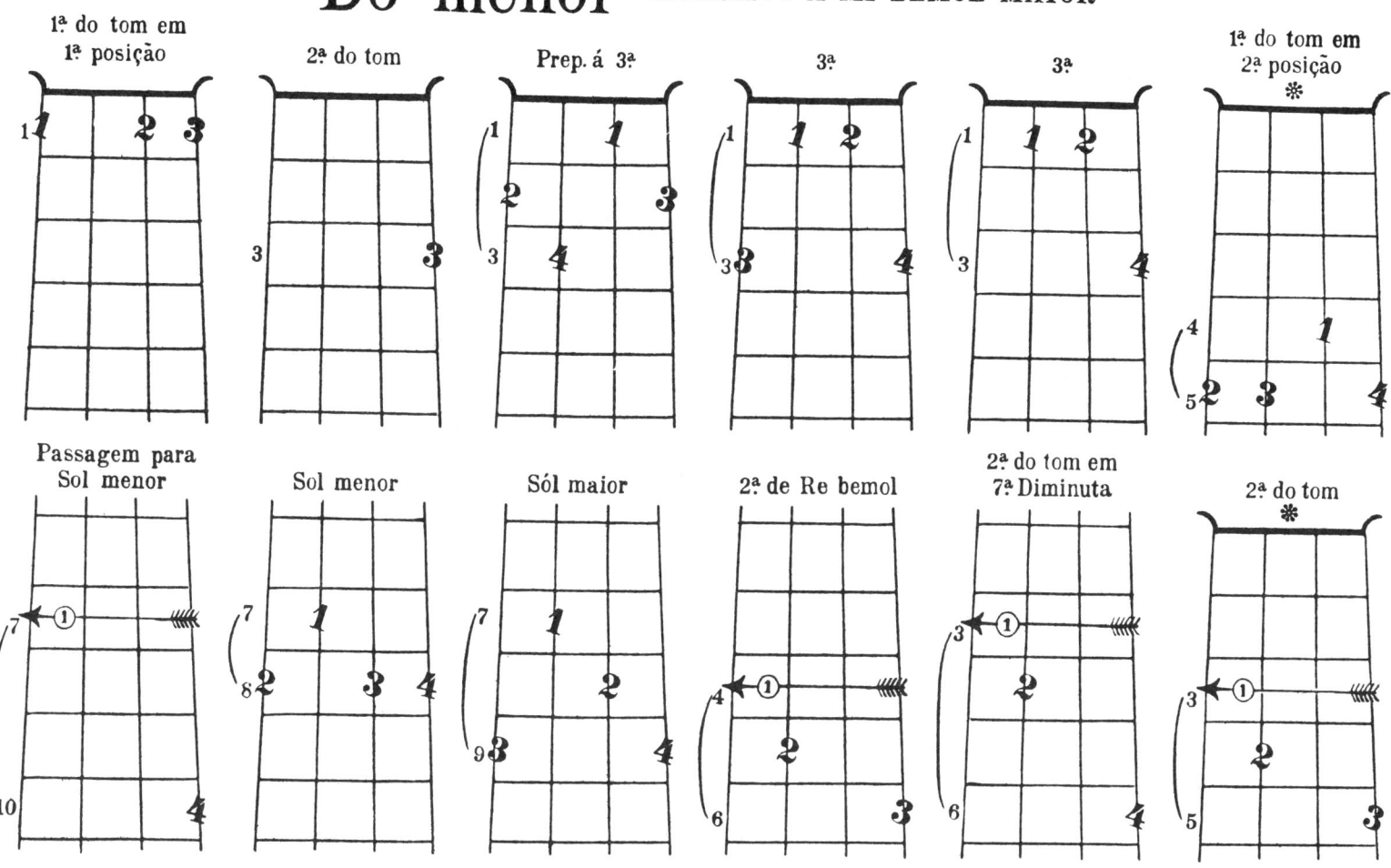

La bemol maior

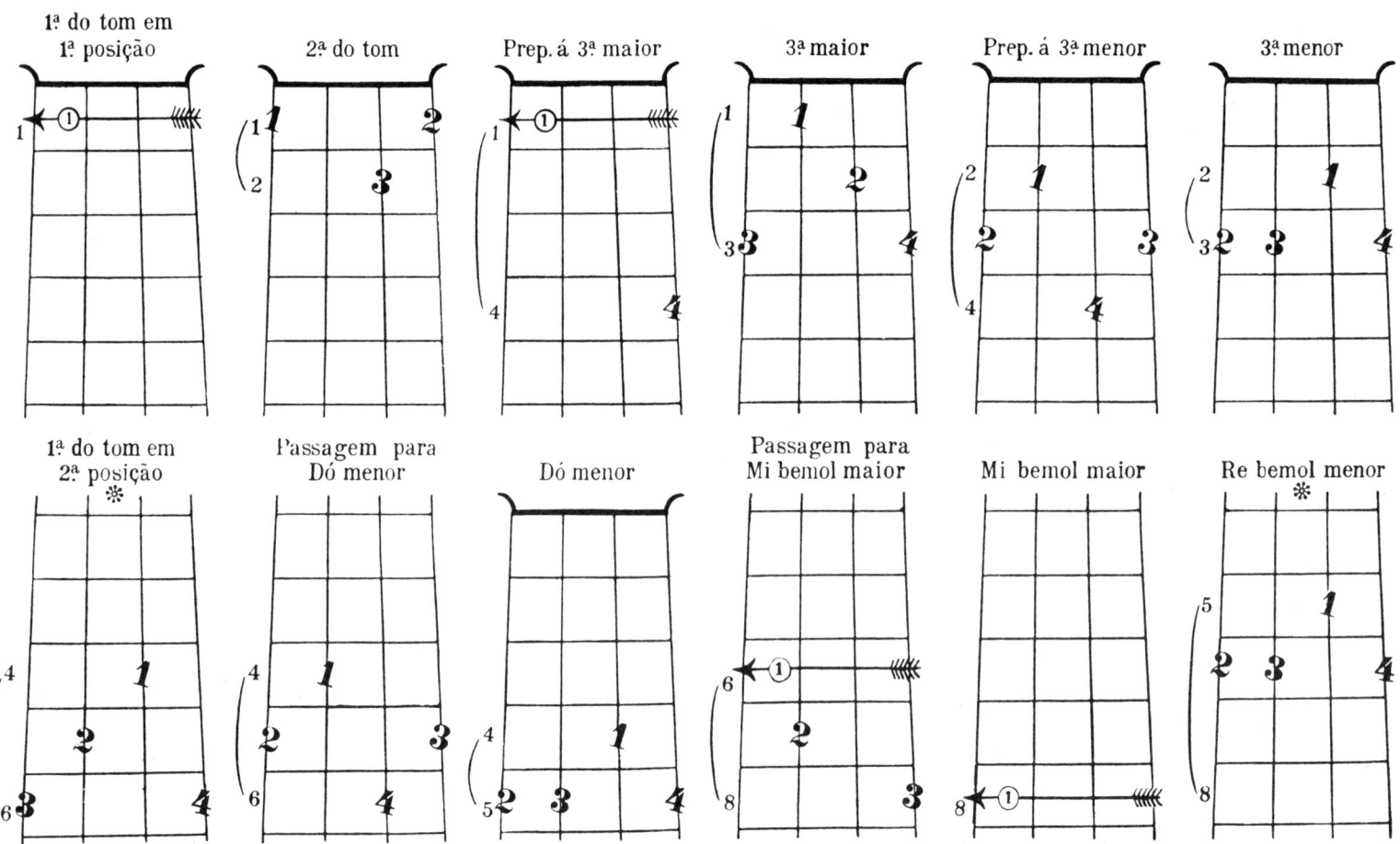

Fa menor RELATIVO A LA BEMOL MAIOR

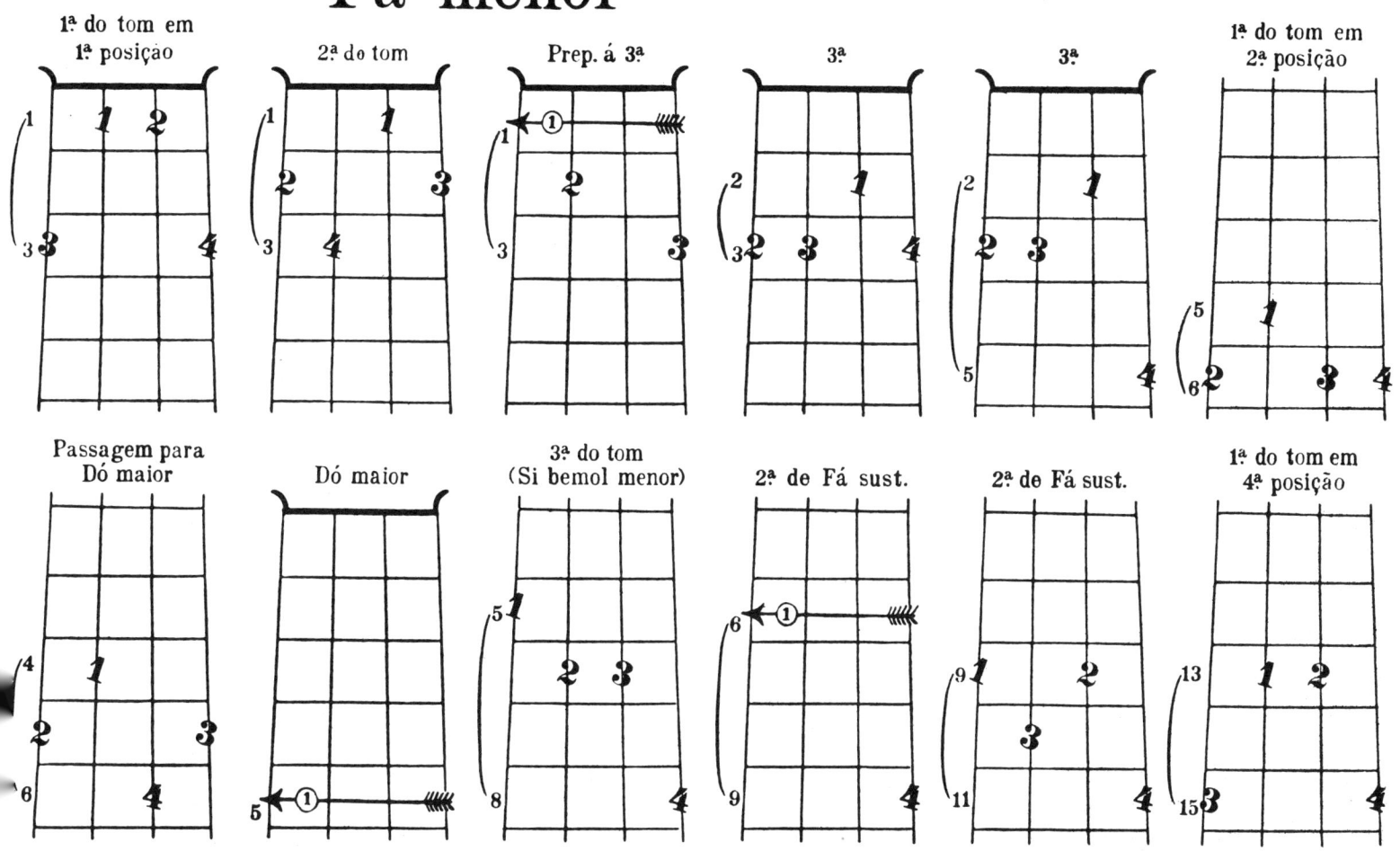

IMPRESSO EM MARÇO/2010